BEI GRIN MACHT SICH IHR WISSEN BEZAHLT

AF 136358

- Wir veröffentlichen Ihre Hausarbeit,
  Bachelor- und Masterarbeit

- Ihr eigenes eBook und Buch -
  weltweit in allen wichtigen Shops

- Verdienen Sie an jedem Verkauf

Jetzt bei www.GRIN.com hochladen und kostenlos publizieren

Bibliografische Information der Deutschen Nationalbibliothek:

Die Deutsche Bibliothek verzeichnet diese Publikation in der Deutschen National-
bibliografie; detaillierte bibliografische Daten sind im Internet über http://dnb.d-
nb.de/ abrufbar.

Impressum:

Copyright © 2015 GRIN Verlag
Druck und Bindung: Books on Demand GmbH, Norderstedt Germany
ISBN: 9783346085672

Dieses Buch bei GRIN:

https://www.grin.com/document/509503

Anonym

Cloud Computing. Chancen und Risiken für Unternehmen

GRIN Verlag

GRIN - Your knowledge has value

Der GRIN Verlag publiziert seit 1998 wissenschaftliche Arbeiten von Studenten, Hochschullehrern und anderen Akademikern als eBook und gedrucktes Buch. Die Verlagswebsite www.grin.com ist die ideale Plattform zur Veröffentlichung von Hausarbeiten, Abschlussarbeiten, wissenschaftlichen Aufsätzen, Dissertationen und Fachbüchern.

Besuchen Sie uns im Internet:

http://www.grin.com/

http://www.facebook.com/grincom

http://www.twitter.com/grin_com

FOM – Fachhochschule für Oekonomie & Management

Essen

Berufsbegleitender Studiengang Wirtschaftsinformatik

Bachelor of Science (B.Sc.) - 4. Semester

Seminararbeit im Fach „IT-Infrastruktur"

Cloud Computing – Chancen und Risiken für Unternehmen

Köln, den 08. Juni 2015

Inhaltsverzeichnis

Abkürzungsverzeichnis

EDV   Elektronische Datenverarbeitung

IaaS   Infrastructure as a Service

HaaS   Hardware as a Service

PaaS   Platform as a Service

SaaS   Software as a Service

SAP   Systemanalyse und Programmentwicklung

Abbildungsverzeichnis

1 Einleitung

1.1 Ausgangssituation

Im Bereich der IT-Infrastruktur gewinnt Cloud Computing immer mehr an Bedeutung. Dies hängt besonders mit dem Verlangen nach dynamischen Arbeitsumgebungen, die individuell gestaltet werden können, zusammen. Besonders im Bereich der Datenspeicherung ist der Zugriff auf diese nur lokal bedingt möglich gewesen. Sobald sich der Arbeitsplatz also änderte, ist der Zugriff auf notwendige Ressourcen (speziell Daten) nicht mehr gegeben. Dies sorgt für eine unflexible und nicht effiziente Arbeit. Aus diesem Grund ist der Gedanke und Wunsch nach einem zentralen Speicherplatz für alle Teile, die für einen Zugriff und eine Bearbeitung von Daten möglich ist.

1.2 Ziel der Arbeit

Das Ziel dieser Arbeit ist die Analyse der einzelnen Faktoren, die zur Umsetzung einer Cloud Lösung im Bereich von Unternehmen notwendig sind.

Dabei wird zunächst der theoretische Hintergrund und die grundsätzlichen Faktoren betrachtet und im Anschluss auf den Unternehmensbereich übertragen. Hier gibt es einige Dinge, die für den Einsatz einer solchen Lösung gegeben sein müssen. Die zentralen Punkte sind dabei vor allem die Sicherheit und Compliance. Weiterhin steht bei dieser Analyse vor allem der betriebswirtschaftliche Faktor im Vordergrund, da dieser für alle Unternehmen einen zentralen Dreh- und Angelpunkt darstellt.

2 Hintergrund und Theoretischer Ansatz

Der folgende Abschnitt dient der Beschreibung des grundsätzlichen Ansatzes von Cloud Computing. Des Weiteren werden der theoretische Teil sowie die unterschiedlichen Cloudmodelle beschrieben.

2.1 IT-Infrastruktur

Ein Teil jeder heutzutage agierender Unternehmen ist immer die IT-Infrastruktur. Sie gibt eine grundsätzliche Plattform zur elektronischen Datenverarbeitung (EDV). Sie erleichtert die Zusammenarbeit zwischen einzelnen Bereichen und unterstützt die Umsetzung von firmeninternen Geschäftsprozessen. Dabei umfasst sie sämtliche Hard- und Software, die zur Verarbeitung, Speicherung und Kommunikation von Geschäftsprozessinformationen eingesetzt wird.[1] Für Unternehmen gilt es diese durch Spezialisten möglichst effektiv aufbauen zu lassen, sodass sie von dem Konstrukt profitieren und ihre Tätigkeit effizient durchführen können. Die folgende Grafik stellt die einzelnen Geschäftsprozesse innerhalb der IT dar und verdeutlicht den festen Bestandteil der IT-Infrastruktur in Bereich des IT-Betriebs.

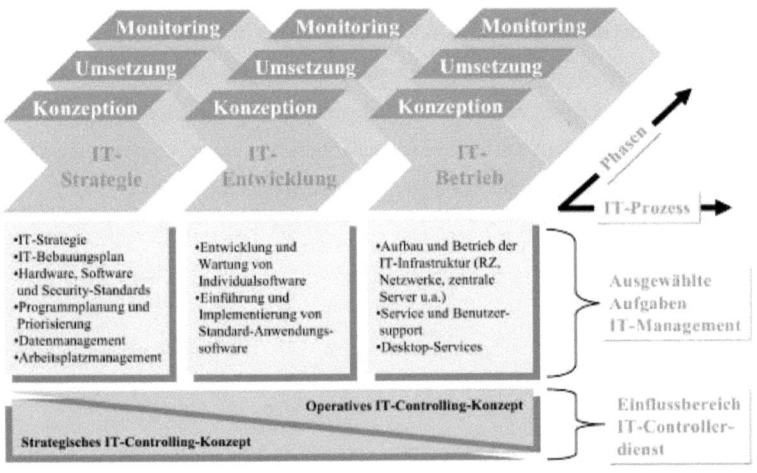

Abbildung 1: Quelle: Gadatsch, A. (2008): S. 3 – Geschäftsprozesse in der IT (IT-Prozessmodell)

---

[1] Vgl. Rudolph, S. (2009), S. 14

2.2 Cloud Computing

Grundsätzlich gibt es im Bereich des Cloud Computing mehrere Definitionen, Eigenschaften und Modelle.

2.2.1 Definition und Eigenschaften

Eine der Definitionen ist die folgende. „Unter Ausnutzung virtualisierter Rechen- und Speicherressourcen und moderner Web-Technologien stellt Cloud Computing skalierbare, netzwerk-zentrierte, abstrahierte IT-Infrastrukturen, Plattformen und Anwendungen als on-demand Dienste zur Verfügung. Die Abrechnung dieser Dienste erfolgt nutzungsabhängig."[2] Bezüglich der Dienstnutzung ist zu sagen, dass diese ganz nach Bedarf erfolgt. Die Nutzer haben die Möglichkeit die Dienste ohne Interaktion mit dem Anbieter anzufordern. Der Zugang erfolgt dabei netzwerkzentriert und ist mit Hilfe von Mechanismen, die standardisiert sind, nutzbar. Die Ressourcen des Anbieters liegen in einem Pool vor, aus dem sich viele Anwender bedienen können. Dies wird auch als Multi-Tenant-Modell bezeichnet. Dabei wissen die Anwender nicht, wo die Ressourcen sich befinden, sie können aber vertraglich den Speicherort, also z.B. die Region, Land oder Rechenzentrum, festlegen. Zusätzlich muss eine Elastizität gegeben sein, damit die einzelnen Services schnell und elastisch, in manchen Fällen auch automatisch, zur Verfügung gestellt werden können. Dadurch erscheinen die Ressourcen aus Anwendersicht unendlich. Die Nutzung von Ressourcen kann gemessen und überwacht werden und entsprechend bemessen den Cloud Nutzern zur Verfügung gestellt werden. Dabei ist zu beachten, dass sich die Anwender die Ressourcen gemeinsam teilen und deshalb eine Mandanten Fähigkeit gegeben sein muss. Eine weitere Grundvoraussetzung ist eine serviceorientierte Architektur bei der nur Ressourcen bezahlt werden, die auch in Anspruch genommen wurden. Dieser Aspekt ist somit auch für Unternehmen wichtig, da sie somit nur für die Dinge die sie benötigen zahlen.

Bei diesen Eigenschaften unterscheidet man zwischen unterschiedlichen Bereitstellungmodellen. Eine Private Cloud ist eine Infrastruktur für eine Institution. Diese kann von der Institution selbst oder einem Dritten organisiert und geführt werden, wobei sie im eigenen oder fremden Rechenzentrum stehen kann. Vergleichbar ist diese mit einem Intranet wobei sich die Ressourcen und Applikationen im eigenen

---

[2] Braun, C., Kunze, M., Nimis, J., Tai (2010/2011), S. 4

Unternehmen befinden. Bei einer Public Cloud werden Services von einer großen Gruppe oder z.B. einer ganzen Industriebranche genutzt. Dabei werden die Services von einem Anbieter bereitgestellt und über das Internet abgerufen. Die Hybrid Cloud bezeichnet die Nutzung mehrerer für sich selbst eigenständiger Cloud Infrastrukturen über eine gemeinsam genutzte standardisierte Schnittstelle. Sie wird auch als Mischform aus Private- und Public Cloud bezeichnet. Dieses Bereitstellungsmodell ermöglicht es beispielsweise unternehmenskritische Daten im Unternehmen zu behalten und Applikationen trotzdem über eine Public Cloud zu beziehen.[3] Die letzte Form einer Bereitstellung ist die Hybrid Cloud bei der die Nutzung mehrerer für sich eigenständiger Cloud Infrastrukturen über eine gemeinsam genutzte standardisierte Schnittstelle erfolgt.

2.2.2   Erscheinungsformen und Architektur

Weiterhin unterscheidet man zwischen drei Servicemodellen bzw. Erscheinungsformen innerhalb des Cloud Computing.

Die erste Schicht bezeichnet man als Infrastructure as a Service (IaaS). Auf dieser Ebene werden grundlegende Dienste wie Rechenleistung (Prozessorleistung), Datenspeicher (Storage und Hosting) und zum Teil auch Kommunikationsverbindungen bereitgestellt. „Der IaaS stellt die Basis für Cloud-basierte Konzepte bereit und ermöglicht es virtualisierte Instanzen, auf Basis von virtuellen Maschinen mit einem eigenen Betriebssystem und einer flexiblen Ressourcennutzung im Rahmen der vertraglichen Vereinbarung zu betreiben."[4] Aufgrund der engen Beziehung zur Hardware wird diese auch oft als Hardware as a Service (HaaS) bezeichnet.[5] Vorteile dieser Form sind eine hohe Flexibilität und Skalierbarkeit bei der Ressourcennutzung. Dies führt dazu, dass der Kunde nur die von ihm genutzten Ressourcen bezahlt. Die Effizienz dieser Technik äußert sich dadurch, dass der Kunde vertraglich vereinbart wie viele Ressourcen maximal bereitgestellt werden soll und er am Ende nur die bezahlt, die er auch wirklich in Anspruch genommen hat. Die Hauptnutzer dieser Technik sind IT-Dienstleister und IT-Abteilungen von Unternehmen.[6]

---

[3] Vgl. Böttger, M. (2012), S. 19
[4] Vollmer, T. (2013), S. 29
[5] Vgl. Bedner, M. (2012), S. 29
[6] Vgl. Vollmer, T. (2013), S. 29

Platform as a Service (PaaS) beschreibt ein Modell bei der der PaaS-Provider die komplette Infrastruktur bereitstellt und dem Kunden auf dieser Plattform standardisierte Schnittstellen, die von Diensten des Kunden genutzt werden können, anbietet. Somit richtet es sich an selbstständige Softwareentwickler, Softwareentwicklungsunternehmen oder IT-Abteilungen von sonstigen Unternehmen. Angebote dieser Form bauen meist auf IaaS Angeboten auf und verschmelzen dadurch in einer gewissen Art. Ein Vorteil dieser der PaaS ist, dass keine Administration erfolgen muss und der Entwickler sich voll auf seine Programmierarbeiten konzentrieren kann. Google ist mit seiner Google App Engine ein Anbieter von PaaS und stellt dabei eine Plattform für Entwicklung und Hosting bereit.[7]

Das letzte Modell nennt sich Software as a Service (SaaS) und beinhaltet sämtliche Angebote von Anwendungen, die den Kriterien des Cloud Computing entsprechen. „SaaS-Anbieter stellen damit nicht nur die Software selbst zur Verfügung, sondern garantieren auch Verfügbarkeit und Sicherheit der Daten und Anwendungen."[8] Dabei ist sie für Unternehmen, Behörden und private Endnutzer die relevanteste Schicht. SaaS wird in Verbindung mit Cloud Computing jedoch nur auf das Niveau einer Branchenplattform kommen, wenn Firmen ihre Technologie für andere Akteure aus der Industrie, darunter potenzielle Wettbewerber, frei geben und nicht das Web als alternativen Zustell- und Zahlungsmechanismus, wie es normalerweise mit paketierten Softwareprodukten (beispielsweise SAP) durchgeführt wird, zu verwenden.[9] SaaS ist demnach eine Form der Softwaremiete bei der es zwei Möglichkeiten gibt. Die Anwendungen werden gar nicht mehr lokal installiert und sind somit nur noch über den Webbrowser nutzbar oder nur rudimentär und in Teilen lokal installiert, während die Hauptbestandteile über das Netz bezogen werden.[10]

---

[7] Vgl. Vollmer, T. (2013), S. 29
[8] Benlian, A., Hess, T., Buxmann, P. (2010), S. 61
[9] Vgl. Benlian, A., Hess, T., Buxmann, P. (2010), S. 9
[10] Vgl. Bedner, M. (2012), S. 30

In der folgenden Grafik sind diese einzelnen Schichten entsprechend dargestellt.

Abbildung 2 - Quelle: Bedner, M. (2012): S. 20 – Ebenen des Cloud Computing nach IT-Leistungen und Zielgruppen

Hier werden besonders die Zielgruppen für die einzelnen Leistungen nochmal herausgestellt. So sind es im Bereich von SaaS Business Analysten, Fachabteilungen, Wissensarbeiter und Privatkunden. Bei PaaS handelt es sich um Nutzer wie Architekten und Anwendungsentwickler. Die Leistung IaaS wird von IT-Betrieben und Cloud Providern in Anspruch genommen.

3 Nutzung in der Praxis

Im folgenden Abschnitt wird die aktuelle Nutzung von Cloud Computing sowie deren Vor- und Nachteile beschrieben. Im Anschluss wird die Technologie auf Unternehmen übertragen und analysiert.

3.1 Privatbereich

Cloud Computing wird im privaten Sektor primär von Mobilen Endgeräten, aber auch von festen Arbeitsstationen genutzt. Dabei handelt es sich entweder um Smart Apps oder als genutzter Datenspeicher. Der Zugriff auf diese Daten kann also mehreren Nutzern zugänglich gemacht werden. Das Thema Sicherheit steht dabei für den Endnutzer erstmal an zweiter Stelle. Im mobilen Bereich bezieht sich die Nutzung der Cloud vor allem bei der Speicherung des Kalenders und Kontakten auf einem Server. Auch Bilder, Videos, Dokumente werden in der Cloud gespeichert. Ein sehr beliebter und bekannter Dienst ist Dropbox, der für jeden Nutzer einen privaten Bereich mit einer begrenzten Kapazität bereitstellt. Der Nutzer hat die Möglichkeit die Anwendung über Computer, Tablets oder Handys zu nutzen. Dabei kann er zusätzlich Freigaben für bestimmte Nutzer erstellen und mit Ihnen in einem Bereich beispielsweise an Dokumenten arbeiten oder Daten austauschen. Ein weiterer Dienst ist Google Drive. Er bietet dieselben Dinge wie Dropbox, besitzt jedoch ein Office Paket mit dem sich gängige Anwendungen wie Präsentation, Dokumente und Tabellen erstellen lassen. Der Dienst Microsoft OneDrive bietet auch all diese Fähigkeiten. Es wird jedoch wieder deutlich, dass alle persönlichen Daten nicht mehr lokal, sondern auf Servern von Firmen wie Google und Microsoft liegen. Von den Anbietern wird zwar ein Datenschutz zugesichert, ob dies aber wirklich der Fall ist und diese Informationen über den Nutzer nicht veröffentlicht oder verkauft werden ist nicht hundertprozentig sicher. Jedoch nimmt die Nutzung stetig im Unternehmensbereich. Dies hängt vor allem mit einer stetig steigenden Nutzung im Bereich der Logistik zusammen. Ein Trend zur Nutzung einer Art Plattform zwischen Unternehmen ist aber auch inzwischen nicht mehr auszudenken und gewinnt zunehmend an Bedeutung. Die folgende Grafik veranschaulicht eine Prognose der

Umsatzentwicklung zwischen dem Privat- und Unternehmenssektor von 2012 bis 2016

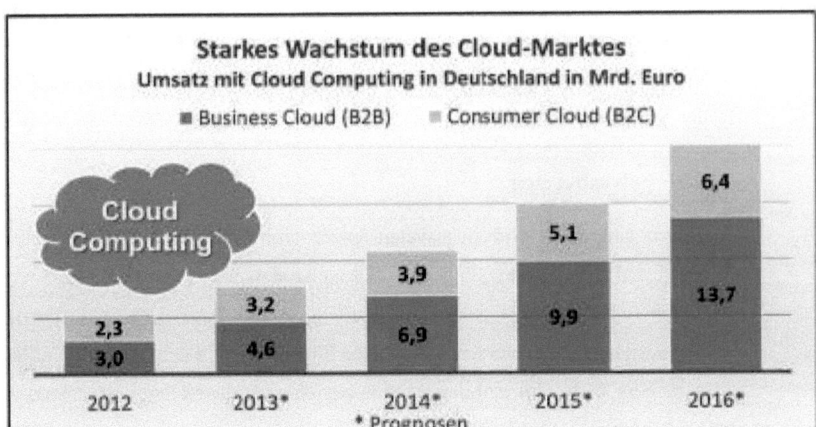

Abbildung 3 - Quelle: Filler, I. (2015): S. 24 – Umsatz mit Cloud Computing in Deutschland

3.1.1 Projektziele

Es wurden zwei Ziele für das Projekt ‚Analyse des IT Service Desk' definiert und erreicht. Es sollte eine umfassende Erfassung und Analyse der Prozesse des IT Service Desk durchgeführt werden. Dies sollte mit Hilfe einer ARD-weit einheitlichen Methodik erfolgen, deren Ergebnisse zwischen den verschiedenen RfA problemlos verglichen werden können. Parallel dazu sollten Optimierungspotentiale für den IT Service Desk des WDR identifiziert werden, anhand derer Handlungsempfehlungen zur Verbesserung der Serviceerbringung erarbeitet werden. Die zwei Projektziele wurden in fünf Hauptschritten erreicht, die ARD-weit einheitlich durchgeführt wurden. Im Folgenden werden diese kurz dargestellt. Das Ziel des ersten Hauptschritts war die Analyse des Aufbaus und der Organisation des WDR Service. Ziel dieses Schritts war es, ein umfassendes Verständnis sowohl für die Struktur und Organisation als auch für die vorgesehenen SOLL-Prozesse des IT-Service des WDR zu erarbeiten. Da die Ausschreibung zur Nutzung der Firma Celonis durch den BR durchgeführt wurde, bot es sich für den WDR an diese Software auch zu benutzen um ein einheitliches Vorgehen und einen geringen monetären Einsatz zu haben. Zu diesem Zweck wurden der Firma Celonis die nötigen Informationen zur Verfügung gestellt. Dabei wurde die Software nicht komplett im WDR implementiert, sondern der Firma wurden vorerst nur

Informationen aus diversen Systemen zugeliefert. Die vollständige Implementierung und Einführung fand ab dem Januar 2014 durch das neu gegründete IT Servicemanagement statt und wird in den folgenden Abschnitten genauer beschrieben. Im zweiten Schritt fand eine Integration, der für die Analyse benötigten Daten, statt. Um eine umfassende und präzise Auswertung des IT Service Desk des WDR durchzuführen, wurde eine breite und tiefgreifende Datenbasis benötigt. Es wurden alle für den Service Desk der HA OIL relevanten Daten bereitgestellt und in Celonis integriert. Dazu gehört das von der IT-Hotline verwendete Ticketsystem Remedy und die Telefonanlage des IT Service Desk. Der dritte Schritt war der Aufbau eines Simulationsmodells und Implementierung der Kennzahlen. Mit Hilfe der Software Celonis wurde der IT Service Desk vollständig in einem Simulationsmodell abgebildet. Zusätzlich wurden die für die interne Auswertung und das ARD-Projekt benötigten Kennzahlen konfiguriert. Die Erstellung des Simulationsmodells fand auf Basis der zuvor integrierten Daten aus Ticketsystem und Telefonanlage statt. Der vierte Schritt war die Validierung des Modells und anschließende Auswertung. Während mehrerer Workshops wurde das erstellte Simulationsmodell validiert. Ziel der Validierung war es, eine möglichst realitätsgetreue Abbildung der Serviceerbringung des WDR durch das Simulationsmodell zu garantieren. Anschließend wurde der Service Desk des WDR mit besonderem Fokus analysiert. Der fünfte und letzte Schritt bezog sich auf die Erarbeitung von Optimierungspotentialen. Nachdem eine umfassende Auswertung der Serviceprozesse stattgefunden hat, wurden durch die Firma Celonis eine Reihe von Optimierungspotentiale für den Service des WDR erarbeitet. Die Resultate wurden im Zuge von Telefonaten und Workshops mit Hilfe einiger Mitarbeiter der HA OIL genauer spezifiziert und entsprechende Umsetzungsmöglichkeiten abgeleitet.

3.1.2 Erkenntnisse

Mit Hilfe der Firma Celonis wurden folgende Erkenntnisse entwickelt. Der folgende Abschnitt beschreibt also welche Feststellungen von problembelasteten Vorgehen mit Hilfe von Celonis erarbeitet werden konnten. Ein Volumen von ungefähr 25% aller Tickets wird von Teams der Supporteinheit der Verwaltung bearbeitet. Dabei haben Tickets, die in der Hotline eröffnet werden, durchschnittlich eine um den Faktor sechs längere Lösungszeit bei Beteiligung der Supporteinheiten der Fernseh- und Hörfunkdirektionen. Zusätzlich erzeugt die Schnittstelle zwischen diesen Supporteinheiten eine deutliche Mehrbelastung für die Mitarbeiter beider IT-Bereiche

(Portalwechsel, telefonische Abstimmung etc.). Es werden 1000 Tickets pro Monat (~19%) direkt in den Bereichen der DPT eröffnet (Support „auf Zuruf"). Die meisten (>95%) dieser Tickets werden telefonisch gemeldet und sollten entsprechend des SOLL-Prozess über die zentrale Hotline eröffnet werden um einen Single Point of Contact (SPOC) zu haben. Eine Meldung über die zentrale Hotline entlastet den 2nd Level und steigert daher die Serviceprozess- (z.B. Lösungszeiten) und Kosteneffizienz signifikant. Eine weitere Erkenntnis, die mit Hilfe der Software Celonis stattgefunden hat, ist die Erreichbarkeit der IT Hotline. Nur ~2/3 aller Anrufe erreichten einen Agenten der zentralen Hotline. Jeder Dritte Anruf wurde vorzeitig beendet oder erreichte nur den Anrufbeantworter.[11] Vormittags zwischen 09:00 und 12:00 Uhr wurde nur gut die Hälfte aller Anrufe angenommen. Dies führt zu einer deutlichen Unzufriedenheit mit der Qualität des IT-Service. Zusätzlich verhindert es eine schnelle Behebung der Störungen und behindert den Arbeitsprozess der Anwender. Der Anrufbeantworter läuft regelmäßig voll und die Hotline Agenten finden kaum Zeit, die aufgenommen Anrufe abzuarbeiten. Die Bearbeitung von Tickets wird verzögert und die Anrufer hinterlassen langfristig keine Nachrichten mehr auf dem Anrufbeantworter. Neben der Unterbesetzung der Hotline ist das frühe Anspringen des Anrufbeantworters die Hauptursache dieses Problems. Ein zusätzliches Problem das festgestellt wurde ist das Verfahren zur Lösung und Schließung von Störungsmeldungen. Tickets werden von den Hotline-Agenten und 2nd Level Mitarbeitern gelöst, aber nicht geschlossen. Dies muss für jedes Ticket einzeln, manuell vom Incident Manager, durchgeführt werden. Bei 200 bis 300 Tickets pro Tag ist mit dieser Methodik keine ausreichende Qualitätssicherung der Tickets durch den Incident Manager möglich. Eine automatische Benachrichtigung des Anwenders erfolgt erst nach Schließen des Tickets. Dies wird durch den Incident Manager verzögert, wodurch sich die Lösungszeit aus Sicht des Anwenders verlängert. Alternativ wird der Anwender nach Lösung – teilweise von teureren 2nd Level Mitarbeitern – per Telefon informiert. Der Schließungsprozess belastet also entweder die Prozess- (Lösungszeit) oder die Kosteneffizienz (Zeitaufwand 2nd Level). Auch Probleme des Bearbeitungsprozess konnten mit Hilfe von Celonis aufgedeckt werden. In vielen Teams wird bei einem hohen Anteil der Tickets eine interne Weiterleitung durchgeführt, d.h. das Ticket wird einem anderen Team-internen Bearbeiter zugewiesen. Diese Team-internen Weiterleitungen führen zu einer um 25%-35% erhöhten Bearbeitungszeit und häufig zu einer deutlichen

---

[11] Siehe Anhang_01

Erhöhung der Wartezeit des Anwenders bis zur Lösung des Tickets. Des Weiteren werden mehr als die Hälfte aller Tickets als Aufträge klassifiziert. Aufträge müssen schriftlich per Mail, Fax oder Post eingereicht werden. Dadurch erhöht sich der Bearbeitungsaufwand deutlich gegenüber den telefonisch gemeldeten Incidents (Störungen & Anfragen). Bezüglich der Ticketqualität konnte folgendes festgestellt werden. Eine Kontrolle der Ticketqualität erfolgte manuell durch Stichproben beim Schließen der Tickets in der Hotline. Dieses Verfahren ist sehr zeitaufwendig und führt dazu, dass nur ein Bruchteil der Tickets kontrolliert wird. Eine Kontrolle lang offener Tickets erfolgte nur sporadisch mangels einer automatisierten Erkennung und des hohen Zeitaufwands der manuellen Kontrolle. Bei Weiterleitung der Tickets an 2nd Level Teams vergeht häufig eine zu lange Zeitspanne zwischen den einzelnen Arbeitsschritten. Diese Tatsache und nicht die höhere Komplexi-tät verursacht hauptsächlich die starke Diskrepanz zwischen Lösungszeiten in der Hotline und bei 2nd Level Beteiligung (Faktor 5-20 höher).

Mit Hinblick dieser Erkenntnisse konnten entsprechende Maßnahmen zur Prozessoptimierung erarbeitet werden, die jedoch den Umfang dieser Hausarbeit überschreiten und nicht als themenrelevant gelten würden. All diese Erkenntnisse sollen jedoch ein Beispiel dafür sein wie effektiv und effizient diese Software sich für den WDR herausgestellt hat und eine vollständige Implementierung, gerade mit Hinblick auf die kontinuierliche Optimierung von zukünftigen Prozessen, als durchaus sinnvoll gemacht hat.

4 Konkrete Einführung

Die Entscheidung zur vollständigen Einführung der Software im WDR beruhte auf den positiven Erfahrungen zur Analyse der einzelnen Rundfunkanstalten, mit Hinblick auf einer eventuellen IT Service Desk Zusammenlegung. Dies wirkte sich auch preislich auf die Entscheidung zur Implementierung im WDR aus. Hier gewährte die Firma Software Celonis auf das Angebot, bei der Preisinformation, einen Rabatt von 35% aufgrund der damaligen Einführung durch die ARD.[12]

4.1 Prüfung infrastruktureller Möglichkeit

Damit im WDR eine Software eingeführt werden kann ist nach Abgleichung der Anforderungen an die Software, eine infrastrukturelle Prüfung der Hard- und Softwarenotwendigkeiten zur Implementierung der Software bei dem entsprechen Rechenzentrum notwendig. Konkret bedeutet dies, dass der Softwarehersteller eine Anforderungsliste seiner benötigten infrastrukturellen Notwendigkeiten dem WDR bereitstellt. Dies ist durch Celonis geschehen und ist die Grundlage für die Vorstudie zwischen dem IVZ und dem dementsprechenden Kunden, hier WDR, der das Softwareprodukt einführen möchte.[13] Der WDR fungiert somit als Mittelmann zwischen dem Softwarehersteller und dem eigenen Rechenzentrum. Die Unterteilung der Anforderung ist für den WDR immer notwendig, damit unterschieden werden kann welche Anforderung welchen internen Bereich betreffen werden. So hat Celonis die Anforderungen in die Bereiche Hardware (Server), weitere Hardware und notwendige Berechtigungen auf Systeme, die als Datenquelle zur späteren Erstellung der Auswertungen notwendig sind. In diesem Fall sind dies zwei Benutzeraccounts für die Anmeldungen am Celonissystem, das im WDR eingeführt werden soll und die dadurch notwendigen Remote Zugänge. Zusätzlich wird ein Account mit weitgehenden Datenbankberechtigungen auf die Oracle Datenbank des Ticketsystem (Remedy), die Datenbank des IVZ Ticketsystems und die ACD Anlage benötigt. Mit Hilfe der Informationen des Softwareherstellers tritt der WDR als Kunde an das IVZ und gibt eine Vorstudie zwischen IVZ und WDR in Auftrag. Hier trägt der Kunde alle Anforderungen und nötigen Informationen des Softwareherstellers ein.[14] Die im Anhang ersichtliche

---

[12] Siehe Anhang_02
[13] Siehe Anhang_03
[14] Siehe Anhang_04

Vorstudie ist nur ein Teil der gesamten Vorstudie, gibt jedoch einen Eindruck, wie sie durchgeführt wird. Das IVZ prüft diese dann und gibt dem WDR eine Kostenschätzung für die Hardware, Software und der notwendige Personentage zur Umsetzung. Dies beschreibt zum einen den gängigen Weg, der für das Hosting einer Software durch das IVZ notwendig ist, als auch das Verfahren wie es bei Celonis stattgefunden hat.

Der Aufbau der grundsätzlichen Infrastruktur für die Software ist mit den wichtigsten Komponenten in folgendem Schaubild dargestellt.

Es ist deutlich erkennbar, dass sowohl die Daten aus der Datenbank des Ticketsystems und der Telefonanlage kommen. Aus dieser werden mit Hilfe der Application Database Eingaben und Abfragen aus den entsprechenden Datenbanken vorgenommen. Diese wird wiederum durch die Analytics Database und Staging Area, die zur temporären Zwischenspeicherung, Bereinigung und Transformation dient, unterstützt. Zum Schluss werden diese Informationen in die Anwendung, durch die die Darstellung des Web user interface und Integration von Office Anwendungen möglich wird, übertragen. Dadurch kann der Anwender interaktiv auf der Weboberfläche arbeiten.

Nach der Prüfung aller infrastrukturellen Notwendigkeiten und Gegebenheiten, konnten die genauen Anforderungen für eine zukünftig kontinuierliche Zusammenarbeit zwischen WDR und Celonis, in mehreren Meetings zwischen dem IT Servicemanagement und der Firma Celonis aufgenommen, formuliert und schriftlich festgehalten werden. Die wichtigsten Punkte für das IT Servicemanagement sind zum einen Auswertungen in Echtzeit, die sich auf die Bearbeitung der Tickets und die Anrufe beziehen. Diese müssen zum einen in Echtzeit, aber auch rückwirkend tages-, monats- und jahresbezogen, möglich sein. Besonders für das SLA Reporting ist dies elementar, damit am Monatsende eine Auswertung der vereinbarten SLAs möglich ist, auf deren Hintergrund Zahlungen mit oder ohne Pönalen stattfinden. Zusätzlich können daraus Schritte zur Optimierung oder Gründe für negative und positive Auswertungen abgeleitet werden.

4.2 Umsetzung

Diese benötigten Informationen wurden von Celonis festgehalten und auf Basis dieser Auswertungen für das Management des WDR entworfen. Das gezielte Prozesscontrolling ist notwendig um eine rechtzeitige Bearbeitung der Vorgänge sicherzustellen, die Effizienz der Prozesse zu erhöhen und eine Transparenz darüber zu erhalten, an welcher

Stelle Aufwand entsteht. In diesen Workshops wurde also besprochen in welchen Bereichen das IT Servicemanagement Prozessschwachstellen vermutet, welche Informationen ständig abrufbar sein müssen und welche Daten für die Balanced Scorecard des IT Servicemanagement notwendig sind. Mit Hilfe der Aufnahme dieser Anforderungen wurden SLA Dashboards und SLA-Monatsreportings zur finalen Feststellung der SLA entworfen. Zusätzlich wurden Auswertungen zur Prozessanalyse des IT Service Desk entworfen und ein automatisierter Tagesreport, der am Folgetag per E-Mail an die Mitarbeiter des IT Servicemanagement verschickt wird, erstellt. Eine Übersicht einiger entwickelter Auswertungen, die weiterhin jederzeit änderbar sind, befindet sich im Anhang.[15] Nach dem Entwurf dieser Auswertungen fand eine Schulung zur Erstellung von zusätzlichen Auswertungen, für den in der Abteilung Logistik Services benannten Business Analysten Leo Christmann, statt.

---

[15] Anhang_05

5 Fazit

Mit der Software Celonis wird die Echtzeitanalyse der IT-Prozesse auf Basis aktueller Daten möglich. In Bezug auf den WDR und das IT Servicemanagement ist eine Automatisierung vieler der aktuell manuell durchgeführten Arbeiten (Suche nach offenen Langläufertickets, Auswertung der Ticketqualität und Anrufzahlen, etc.) möglich. Eine umfassende Überwachung der Arbeit des Dienstleisters und aller SLAs ist gegeben und bietet dem Managementbereich ein essentielles und unverzichtbares Werkzeug. Die Erstellung und Steuerung von Auswertungen jeglicher Art können damit durchgeführt werden. Dies bezieht sich nicht nur auf einen Bereich wie beispielsweise einen IT Service Desk bei dem ein Datenbankzugriff des Ticketsystems notwendig ist, sondern auf viele weitere Bereiche. Typische Anwendungsbereiche sind dabei Produktion, Einkaufsprozesse, Revision, Customer Service, Logistik, Buchhaltungsprozesse und Sales Management. So können auch Rollouts und Änderungen, basierend auf dem historischen Datensatz, simuliert und alle nötigen Maßnahmen frühzeitig ergriffen werden. Die Administration, Überwachung und künftige Analysen werden dann im Verantwortungsbereich des WDR liegen.

Für das IT Servicemanagement hat es sich als äußerst wichtig über die Zeit, in der dieser Bereich bisher besteht, entwickelt. Dabei trägt es zum Erfolg und der Entwicklung von sinnvollen und wichtigen Arbeitsergebnissen maßgebend bei. Ein Ticketsystem wie Remedy bietet auch Auswertungsmöglichkeiten, jedoch sind die Möglichkeiten dabei stark begrenzt. Es können meist nur Zahlen und Bestandteile aus der Ticketoberfläche exportiert werden, die dann in Excel manuell aufbereitet werden müssen. Dies ist mit viel Aufwand und zusätzlichem umfangreichem Wissen für das Ticketsystem verbunden. Durch Celonis werden diese Auswertungen einfacher, umfangreicher und zeitsparender möglich. Auch die Darstellung von Schwachstellen in Prozessabläufen können erkennbarer dargestellt werden. Dies gewinnt besonders an Bedeutung wenn Auswertungen für Vorgesetzte, die sich mit einen Blick einen groben Eindruck von Schwachstellen machen möchten, entworfen werden. Ein Softwareprodukt dieser Art wird am Markt immer mehr an Bedeutung gewinnen, da der Umfang und die Aufbereitung von Daten manuell nicht mehr möglich ist. In Zukunft wird die Datenmenge von Unternehmen nicht abnehmen sondern eher zunehmen und das Verlangen nach Datenaufbereitungsprogrammen wird dadurch größer.

Literaturverzeichnis

Rudolph, S. (2009)
Servicebasierte Planung und Steuerung von IT-Infrastruktur im Mittelstand, 1. Auflage,
Wiesbaden 2009

Braun, C., Kunze, M., Nimis, J., Tai (2010/2011)
Cloud Computing – Web-basierte dynamische IT-Services, 2. Auflage, Heidelberg
(2010/2011)

Böttger, M. (2012)
Cloud Computing richtig gemacht – Ein Vorgehensmodell zur Auswahl von SaaS-
Anwendungen, Hamburg (2012)

Bedner, M. (2012)
Cloud Computing – Technik, Sicherheit und rechtliche Gestaltung, Band 14, Kassel
(2012)

Gadatsch, A. (2008)
Grundkurs IT-Projektcontrolling: Grundkurs für Studierende und Praktika, 1. Auflage,
Wiesbaden (2008)

Vollmer, T (2013)
Der Einstieg in die Cloud – Ein Blick auf die Technik und die juristischen Grundlagen
des Cloud Computings, Hamburg (2013)

Benlian, A., Hess, T., Buxmann, P. (2010)
Software-as-a-Service – Anbieterstrategien, Kundenbedürfnisse und
Wertschöpfungsstrukturen, 1. Auflage, Wiesbaden (2010)

Filler, I. (2015)
Cloud Computing als Baustein von Industrie 4.0 – Eine Bewertung von Chancen und
Risiken für die Unternehmenslogistik, Hamburg (2015)

BEI GRIN MACHT SICH IHR WISSEN BEZAHLT

- Wir veröffentlichen Ihre Hausarbeit,
  Bachelor- und Masterarbeit

- Ihr eigenes eBook und Buch -
  weltweit in allen wichtigen Shops

- Verdienen Sie an jedem Verkauf

Jetzt bei www.GRIN.com hochladen und kostenlos publizieren